Nicole Schäufler

Vom Jungen zum Mann

Ein abenteuerliches Bilderbuch für alle Jungen,
die ihren Körper neu entdecken

Inhalt

Für alle Jungen
und für dich:

____

Dieses Buch erzählt dir, wie du dich von einem Jungen zum Mann verwandelst.

Ein paar Sachen sind ja klar: Du wirst noch weiter wachsen und auch ein paar Muskeln mehr bekommen. Das hast du dir schon selbst gedacht. Aber richtige Männer haben auch eine tiefere Stimme, Bartstoppeln – und wer weiß, was noch alles dazu gehört?

Vielleicht kennst du ja einen Mann, den du toll findest. Einen richtig super Kerl. Aber wie ist er das nur geworden? Was macht ihn zum Mann? Das kann ja nicht nur an der Körpergröße und der tiefen Stimme liegen.

Eines ist jedenfalls sicher: Er ist nicht so zur Welt gekommen, sondern war früher ein Junge wie du. Kleiner als heute, mit schmalen Schultern, heller Stimme. Er hat auch nicht gewusst, was mal aus ihm wird. Aber dann ist er irgendwie durchgestartet und ein ganz klasse Typ geworden. Das ist doch ein Glück, dass Jungs sich so verwandeln können – auch du selbst. Bestimmt wirst du ein ganz toller, junger Mann werden.

Also entdecke, wie das geht …

Überflieger

Wenn du elf oder zwölf Jahre alt bist, dann geht es in deinem Körper wahrscheinlich gerade zu wie auf einem neuen Flughafen kurz vor der Eröffnung.

Da ist viel los. Die Hallentore werden geöffnet, die Flugzeuge auf das Rollfeld gezogen und die Elektronik für Schalter und Kofferbänder noch einmal geprüft. Als Passagier bekommt man den ganzen Trubel gar nicht so mit.

Auch in deinem Körper läuft gerade die Vorbereitungsphase, ohne dass du davon viel mitbekommst. Alle Systeme werden auf Start eingestellt.

„Systeme" – damit sind in diesem Fall die sogenannten „Hormone" gemeint. Die Hormone sind winzig klein. Du kannst sie dir wie Piloten vorstellen.

Sie sitzen im Düsenjet und warten, dass sie endlich starten dürfen.

Die Hormone haben wichtige Botschaften an Bord.

Das eine Hormon hat zum Beispiel die Botschaft „Muskel wachse!“ und will deinen Unterschenkel ansteuern. Das andere hat die Botschaft „Halte dich bereit!“ und hat dein erstes Barthaar im Visier.

Also Countdown runterzählen und los geht‘s. Die Hormone in deinem Körper heben nacheinander ab und nicht gerade langsam. Wie die Düsenjäger werden sie in den nächsten Jahren in dir herumsausen. Ganz schön wild geht es da zu.

Die Wissenschaftler sprechen dann davon, dass die „Pubertät“ beginnt.

Naja, da haben sie sich echt nicht das tollste Wort ausgesucht für die coole Flugshow.

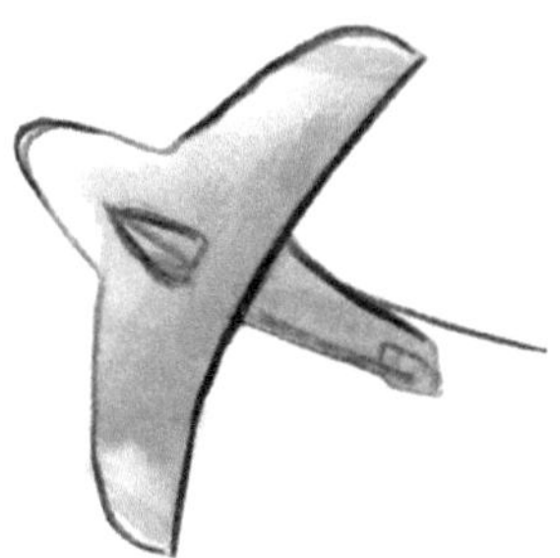

Meeresgott

Und nun rate, wer den schnellsten Jet fliegt.

Das ist oft ausgerechnet der Hormon-Pilot, der deine Schweißdrüsen anfliegt. Er kommt zuerst an.

Deshalb gehört ein neuer, starker Geruch auch zu den ersten Veränderungen deines Körpers. Wenn du lange gerannt bist, merkst du es. Du schwitzt mehr als früher, vielleicht bekommst du sogar Schweißperlen im Gesicht oder unter den Armen. Dieser Schweiß kann dann sehr intensiv riechen.

Leider schnuppert er meist nicht
nach frischer Meeresbrise.

Aber egal, denn erstens kannst du ja duschen und zweitens wird dieser Geruch noch sehr wichtig für dich werden.

Er ist nämlich so einzigartig wie dein Fingerabdruck. Es gibt ein paar Leute, die genau deinen Geruch mögen. Die gehen einfach immer der Nase nach und finden dich so. Sie können dich eben „gut riechen“.

Die Redensart kennst du bestimmt.

Vielleicht hast du schon einmal vom
Meeresgott Poseidon gehört:

ein mächtiger Gott mit Riesenkräften. Wenn der sich ordentlich anstrengte und zum Beispiel einen großen Sturm entfachte, dann hat er gewiss fürchterlich geschwitzt und nach Seetang gerochen.

Die Nixen und vielleicht sogar mancher Seefahrer fanden gerade diesen Duft richtig toll. Du kannst dich über deinen neuen, männlichen Körpergeruch also ruhig freuen.

Er wird diejenigen zu dir bringen,
die dich mögen.

Löwenbändiger

Nicht nur dein Körpergeruch verändert sich.

Du wirst auch bemerken, dass in deinen Achselhöhlen und zwischen deinen Beinen erste, kleine Haare wachsen. „Schamhaare“ werden sie genannt. Aber das ist eigentlich ein ganz unpassendes Wort, denn niemand muss sich wegen dieser Haare schämen.

Im Gegenteil: Sie stehen für mehr Kraft und mehr Stärke. Deine Muskeln wachsen und mit ihnen deine Körperhaare.

Das gehört beides zusammen.

Früher haben sich die Leute darüber
sogar Geschichten ausgedacht.

Es gibt zum Beispiel die alte Geschichte von einem bärenstarken Mann, der Simson hieß. Vielleicht kennst du sie. Er war so stark, dass er einen Löwen besiegen konnte. Die Kraft steckte dabei in seinen Haaren.

Als man sie abschnitt, war die Kraft weg und
kam erst wieder, als seine Haare wuchsen.

Du kannst deine neuen Haare
also mit Stolz tragen.

Eigentlich müssten sie Stolzhaare oder noch besser: Krafthaare heißen.

Es werden auch an anderen Stellen Haare wachsen: vor allem natürlich Barthaare im Gesicht. Bis dahin dauert es noch ein bisschen. Du kannst die Barthaare später rasieren oder nicht, so wie du magst.

Da kann jeder junge Mann seine
eigene Technik herausfinden.

Donnergott

Es gibt auch einige Hormone, die deine Stimmbänder zum Wachsen anregen.

Das siehst du nicht, denn die Stimmbänder liegen versteckt in deinem Hals.

Hören wirst du die Veränderung vielleicht doch. Denn wenn die Stimmbänder in der Pubertät wachsen, quietscht die eigene Stimme manchmal ganz schrecklich.

Du willst ganz normal sprechen, aber alle Wörter machen diesen komischen Sound.

Ändern kann man an der eigenen Quietsch-Stimme nichts.

Hier hilft nur Warten. Wer später eine tiefe Männerstimme haben will, muss vorher durch den sogenannten „Stimmbruch“.

Du kannst dich damit trösten, dass du am Ende wahrscheinlich eine tiefere und wieder schön gleichmäßige Stimme haben wirst. Mit der kannst du dann „donnern“ wie der Gott Donar der Germanen.

Der war einst Herr über Blitz und Donner und hatte als Erwachsener eine ganz tiefe Stimme.

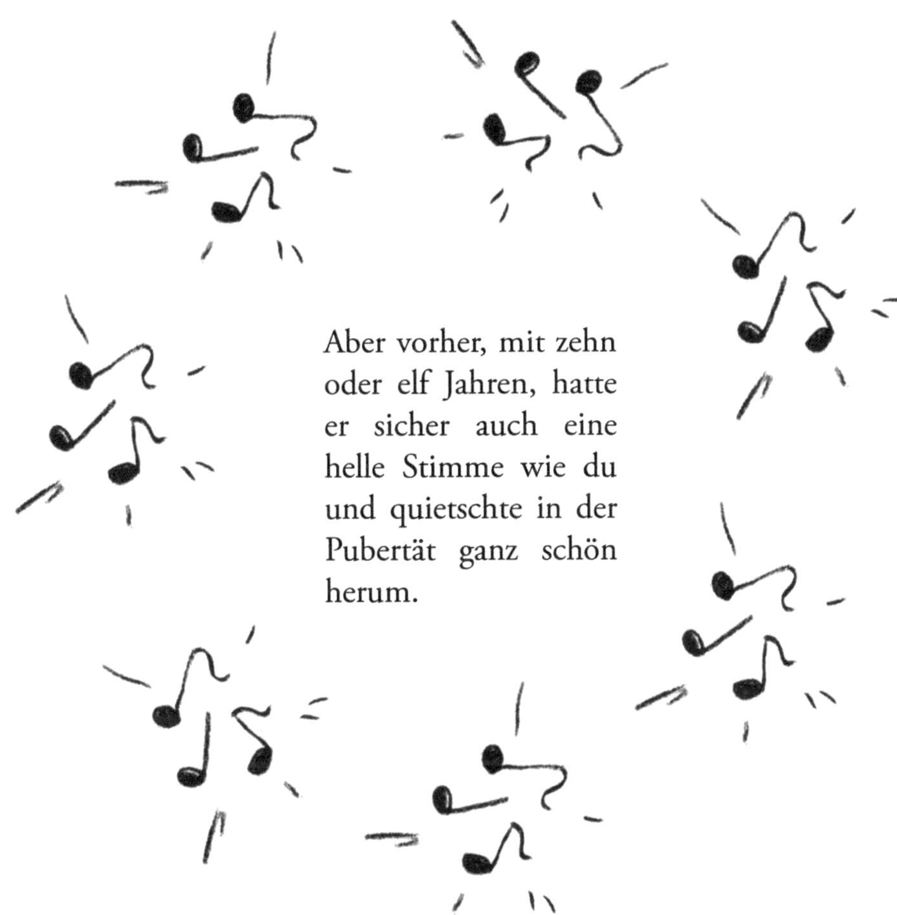

Aber vorher, mit zehn oder elf Jahren, hatte er sicher auch eine helle Stimme wie du und quietschte in der Pubertät ganz schön herum.

Geheimagent

Bestimmt hast du einen oder mehrere Freunde, die so alt sind wie du.

Denen geht es gerade genau wie dir. Die Hormone drehen Loopings in ihren Körpern, die Haare, Stimmbänder und Muskeln wachsen. Bei dem einen geht es schneller, bei dem anderen langsamer, das ist ganz normal.

Jungs reden da meist nicht so gerne darüber.

Die Mädchen stecken öfter die Köpfe zusammen.

Manchmal kommt es dir vielleicht so vor, als würden sie deshalb mehr wissen.

Da kannst du ganz beruhigt sein: Mit elf oder zwölf Jahren weiß niemand alles über die Pubertät. Jeder hat seine eigene Methode, um mehr über seinen Körper zu lernen.

Viele Jungs (und auch manches Mädchen) sind lieber allein auf Entdeckungstour. Man braucht sich nur die Decke über den Kopf zu ziehen.

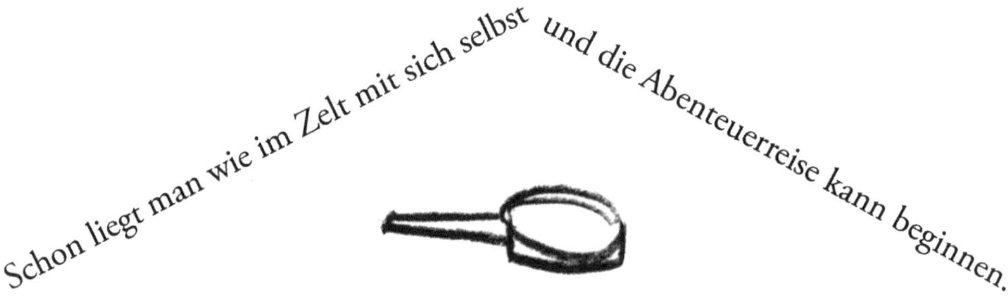

Schon liegt man wie im Zelt mit sich selbst und die Abenteuerreise kann beginnen.

Du denkst vielleicht, du bist der einzige Junge, der gern einmal mit sich allein sein will.

Das ist Quatsch. Deinen Freunden geht es genauso. Da sind viele lieber Geheimagenten und forschen verdeckt. Ihr müsst darüber auch nicht reden, wenn ihr dazu keine Lust habt.

Aber es ist doch gut zu wissen, dass andere Jungs auch gern in ein Deckenzelt kriechen.

Selbst wenn sie das nie zugeben würden.

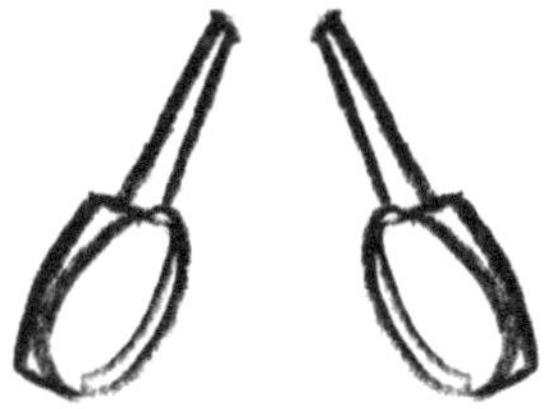

Entdecker

Im Deckenzelt kannst du echte Abenteuer erleben.

Das liegt vor allem an deinem Alter. Gerade jetzt verändert sich dein Körper auch äußerlich. Da gibt es immer wieder Neues für dich zu entdecken: Haare, wo bisher keine waren. Muskeln, die sich plötzlich deutlich zeigen. Füße, die dir auf einmal recht groß erscheinen.

Dein Körper ist das reinste Abenteuerland. Erkunde ihn ruhig, sei neugierig. Schließlich sollst du dich ja selbst gut kennen.

Du bist der Experte für deinen Körper.

Vielleicht ist dir schon aufgefallen, dass Erwachsene über die Pubertät nicht viel sprechen.

Dabei haben sie alle ihre eigene Pubertät erlebt und kennen sich bestimmt gut aus.

Der Grund ist einfach: Den Erwachsenen fehlen oft die richtigen Worte dafür. Es gibt zwar viele wissenschaftliche Begriffe.

Zum Beispiel hat jedes Hormon, jedes Körperteil und jedes Organ im Körper einen wissenschaftlichen Namen. Aber diese Begriffe sind oft lang und schwierig. Und das deutsche Wort dafür klingt oft seltsam fremd. Manchmal gibt es auch gar keins.

Da macht das Erklären dann wenig Spaß und viele lassen es lieber.

Das ist schade, denn die Pubertät – auf Deutsch: das Erwachsenwerden – ist eine tolle Sache.

Viele Veränderungen an deinem Körper werden dir gut gefallen. An manche muss man sich erst gewöhnen.

In jedem Fall kannst du ruhig stolz sein, wenn dein eigenes „Erwachsenwerden" beginnt.

Zauberer

Die meisten Jungs bzw. jungen Männer sind sich übrigens einig, welche die spannendste Körperregion ist.

Die liegt ganz eindeutig genau zwischen den Beinen. Die Wörter dafür sind verschieden. Manche sagen „Penis“, manche „Glied“, manche Männer sprechen sogar von ihrem „besten Stück“.

Du kannst dir aussuchen, welches Wort dir am besten gefällt.

Oder du erfindest ein eigenes für dich.

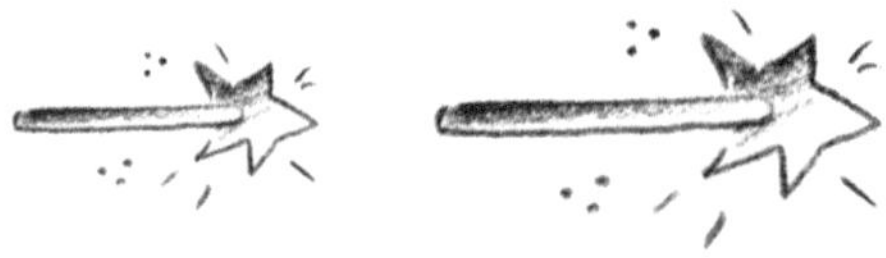

In der Pubertät wächst dein Penis.

Das liegt an den Hormonen, die durch deinen Körper fliegen. Größe und Form können am Ende ganz unterschiedlich sein. Die Natur mag es gern verschieden. Das ist wie bei Händen oder Gesichtern, die sehen ja auch nicht alle gleich aus.

Es gibt Penisse, die sind ganz gerade gewachsen; andere haben eine Lieblingsrichtung und legen sich deshalb um die Kurve. Einige sind dicker, andere dünner. Manche haben Leberflecke, aber nicht alle.

Auch die jeweilige „Frisur“ ist verschieden.

Nur eins ist gleich:

Bei allen Jungen und jungen Männern ist der Penis veränderlich. Er kann größer und fester werden oder kleiner, entspannter. Das ist jedes Mal eine starke Veränderung, die man gut beobachten kann.

Kein anderes Körperteil von dir kann sich so schnell und stark wandeln, und schon allein deshalb ist es besonders.

Fast wie Zauberei.

Frühaufsteher

Auf deinen geheimen Entdeckungsreisen hast du bestimmt schon bemerkt, dass dein Körper sich morgens anders verhält als abends.

Morgens ist ziemlich viel los, besonders in der „unteren Etage“. Während dein Kopf noch müde auf dem Kissen liegt, ist ausgerechnet dein Penis schon ganz wach. Der reckt und streckt sich nach oben und ist ein richtiger Frühaufsteher.

Bestimmt hast du dich schon gefragt, warum das so ist. Und ob das bei anderen auch so ist.

Ganz klare Antwort: Das ist bei fast allen jungen Männern so.

Auch die anderen sehen also morgens,
wie sich die Decke wie von Zauberhand
anhebt, ohne dass sie etwas tun.

Das gehört zum Tagesrhythmus und ist völlig normal. Nach dem Aufstehen beruhigt sich die Lage meist wieder. Das kennst du ja sicher.

Wenn du erst einmal im Bad gewesen bist, sinkt dein Penis wieder ab und ist auch nicht mehr so groß. Dann geht dein Tag los, und du hast nicht mehr so viel Zeit, darüber nachzudenken.

Erst am Abend (manchmal auch schon eher), wenn du entspannter bist oder im Bett liegst, kommt dein Penis vielleicht wieder in Bewegung. Das kann ganz verschieden sein.

An dem einen Abend so, an dem anderen so.

Chef-Mechaniker

Warum ist das eigentlich so?

Warum gibt es diesem Tagesrhythmus? Und warum streckt und legt sich dein Penis? Dafür muss es doch einen Grund geben.

Und den gibt es auch, der ist eigentlich ganz einfach:

In deinem Penis fließt wie im ganzen Körper Blut durch die Adern.

Es gibt zwei Arten von Adern:

Durch die sogenannten „Venen“ fließt das Blut zum Herzen hin, durch die sogennanten „Arterien“ vom Herzen weg.

Die Arterien bringen also sauerstoffreiches Blut vom Herzen in jeden Teil deines Körpers, auch in deinen Penis. Einige von ihnen öffnen sich immer nur dann, wenn du erregt bist. Sie funktionieren dabei wie ein Ventil, eine Verschlussklappe mit schlauer Mechanik. Wenn sie geöffnet sind, fließt besonders viel Blut durch deinen Penis. Mehr als von den Venen wieder abtransportiert wird.

Da baut sich dann ein ganz schön hoher Druck auf.

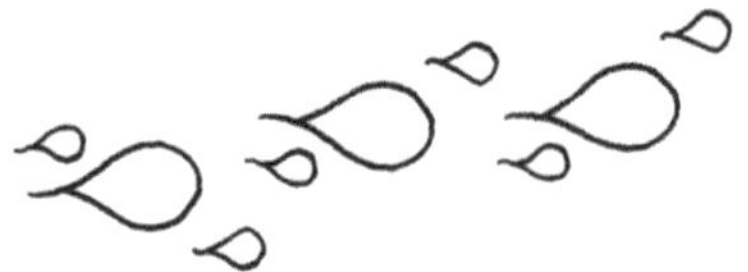

Je höher der Druck, desto höher steigt dein Penis.

Eigentlich logisch. Erst wenn die Erregung sinkt, können die Venen den Überdruck abbauen und auch dein Penis sinkt wieder ab.

Du hast sicher schon bemerkt, dass du deine Adern selbst beeinflussen kannst. Wenn du über deinen Penis streichst oder reibst, geht das fast automatisch. Die Arterien erweitern sich und er wird fester und bewegt sich nach oben. Für die meisten Jungs fühlt sich das auch richtig gut an.

Dieses Wohlgefühl hat die Natur absichtlich „eingebaut".

Schmusekater

In jedem Jungen steckt eben
auch ein Schmusekater.

Der versteckt sich zwar oft, aber spätestens wenn du ein paar Mal über deinen Penis streichst, bemerkst du ihn. Dann bekommst du ein sehr angenehmes Gefühl und möchtest gar nicht mehr aufhören.

Das geht allen Jungen so.

Dieses Schmusekater-Wohlgefühl ist sehr wichtig.

Es sorgt dafür, dass du dich gut fühlst und es magst, dass dein Penis fest wird.

Die Wissenschaftler nennen das „Erektion“. Das ist kein sehr wohliges Wort für den eigentlich so schönen Zustand. Aber es ist trotzdem gut, wenn du das Wort kennst, denn dann weißt du, was andere meinen, wenn sie von einer „Erektion“ sprechen.

Viele Jungen sagen einfach, dass sie einen „Steifen“ haben und meinen damit einen steifen bzw. harten Penis.

Für dich ist vor allem wichtig, dass dein Wohlgefühl ein richtiges und natürliches Gefühl ist. Es stellt sich beim Streicheln automatisch ein, denn in der Haut deines Penis und ringsherum sitzen viele empfindliche Nervenzellen. Die freuen sich über Berührung und geben dann an die Adern die Nachricht weiter.

Der Blutfluss ändert sich sich und dein Penis bewegt sich nach oben. Manchmal genügt sogar schon ein angehmer Gedanke, um das auszulösen.

So ist das bei echten Schmusekatern!

Samenkorn

Doch warum nun das Ganze?

Sicher hast du dich das auch schon gefragt. Die Natur tut nichts ohne Grund. Auch dein Schmusekater-Wohlgefühl hat sie sich nicht einfach so ausgedacht.

Sie hat es dir gegeben, damit du später, wenn du erwachsen bist, selbst einmal Kinder haben kannst.

Zugegeben: Das wird noch ein paar Jahre dauern, bis du vielleicht darüber nachdenken willst.

Dein Körper übt trotzdem schon jetzt ein wenig dafür. Irgendwann muss man mit dem Üben ja anfangen.

Also warum nicht bereits in der Pubertät, wenn du ohnehin gerade wächst und dich veränderst.

Dein Wohlgefühl ist dabei nur ein Teil der Übung. Der andere Teil der Übung findet zunächst unsichtbar in dir drin statt.

Dort werden neuerdings nämlich nicht nur Hormone auf Reisen geschickt. Zusätzlich wird dein Körper nun bald kleine Zellen produzieren, die Samenzellen heißen. Sie werden auch Spermien genannt und sind winzig klein, nur Teile eines Millimeters. Mit dem bloßen Auge kann man eine einzelne Samenzelle also gar nicht sehen.

Trotzdem sind die Winzlinge sehr wichtig für dich, für die Natur, für alle Menschen. Denn ohne Samenzellen gäbe es keine Kinder.

Auch du selbst wärest nicht auf dieser Welt,
wenn es solche winzigen Samenzellen nicht gäbe.

Göttervater

Bestimmt hast du schon eimal von dem Gott Zeus gehört.

Vor über 2.000 Jahren hat man diesen Gott in Griechenland verehrt. Zeus war mächtig, der mächtigste aller Götter.

Er wird oft auch Göttervater genannt, denn er hatte angeblich über 60 Kinder.

Stell dir das einmal vor!

Jedenfalls ist Zeus oft Vater geworden.

Und zwar wohl nicht, weil er so kinderlieb war, sondern weil er das Schmusekater-Wohlgefühl sehr gern mochte. Da ging es dem großen Gott wie fast allen Männern.

Früh am Morgen ist er bestimmt oft aufgewacht und konnte sehen, dass sein Penis schon vor ihm munter war. Das haben die Historiker nicht mit aufgeschrieben, weil es ihnen wohl ein bisschen peinlich war.

Aber es muss so gewesen sein, sonst hätte es später nicht mit den vielen Kindern geklappt.

Zeus hat sich dann als Erwachsener immer wieder neu verliebt und mit vielen verschiedenen Frauen zusammen Kinder bekommen.

Das kommt uns heute etwas übertrieben vor. Die alten Griechen hatten da eine andere Meinung: Sie dachten, wer viele Kinder bekommt, ist gesund und stark. Und nur ein starker Mann kann auch ein Göttervater sein.

Indem er Vater wurde, bewies Zeus also seine Kraft und Männlichkeit und Göttlichkeit. Wenn du später einmal Papa werden solltest, wirst du bestimmt auch so ein starkes Gefühl von Männlichkeit verspüren.

Genau wie Zeus.

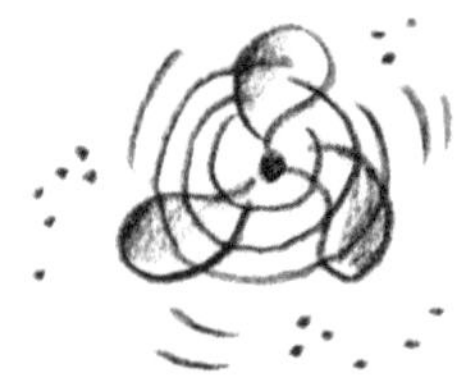

Cool Man

Da Zeus viele Kinder hatte, muss er vorher ziemlich viele Samenzellen produziert haben.

Das hat bei dem großen Göttervater genauso funktioniert wie bei allen Männern. Die Samenzellen werden in den sogenannten Hoden gebildet. Die kennst du schon an dir, denn sie liegen direkt hinter deinem Penis im Hodensack. Früher waren sie kleiner, aber in der Pubertät wachsen deine Hoden stark.

Sie sind dann irgendwann ungefähr so groß wie Pflaumen.

Die Hoden sind regelrechte Hightech-Maschinen.

Sie können bei erwachsenen Männern Millionen über Millionen Samenzellen bilden. Die Samenzellen werden dann gespeichert und reifen noch ein bisschen nach.

Weil es die Zellen nicht so warm mögen, sind sie aus dem warmen Bauch „ausgelagert“ in den Hodensack.

Dort ist es ein bisschen kühler
und angenehmer für sie.

Das ist wie eine eingebaute Klimaanlage, sehr praktisch und ganz ohne Stromverbrauch.

Echt cool eben.

Sprint-Star

Natürlich sollen die Samenzellen nicht ewig im Kühlschrank sitzen.

Sie sind nämlich sehr sportlich und wollen sich bewegen. Statt Beinen zum Rennen haben sie einen Heckantrieb. Vorn sind die Zellen eiförmig und damit sehr windschnittig. Hinten gibt es eine Art Ruderschwänzchen, was vorantreibt.

Naja, ein bisschen sieht die Samenzelle aus wie eine Kaulquappe.

Nur schmaler und viel schneller.

Vielleicht hast du irgendwann einmal Gelegenheit, solch eine Samenzelle unter dem Mikroskop anzuschauen.

Dann kannst du sehen, dass ihre Form einfach ist, aber sehr sinnvoll. Auch Schiffe oder Autos, die schnell sein sollen, sind ähnlich geformt:

Vorn eher rundlich, um Luft oder Wasser zur Seite abzudrängen. In der Mitte bauchig werdend und hinten wieder schmal, damit sich in der Luft oder im Wasser nicht zu viele Wirbel bilden.

Gäbe es einen Mini-Windkanal für Samenzellen, würden die dort sicher Spitzenwerte erreichen.

Die Natur hat sich das gut ausgedacht.

Sieger-Typ

Und tatsächlich gibt es unter den Samenzellen ein richtiges Wettrennen.

Der Startschuss fällt meist, wenn dich das Schmusekater-Wohlgefühl so richtig gepackt hat. Dann schießen die Samenzellen mit der sogenannten Samenflüssigkeit plötzlich los.

Die Flüssigkeit kannst du dir vorstellen wie einen Energy-Drink für die Samenzellen. Sie gibt Energie und außerdem fließt so natürlich alles besser.

Die Samenzellen sausen durch die Harnröhre und dann sogar heraus aus dem Penis. 17 Kilometer pro Stunde können sie dabei erreichen.

So schnell rennen auch Langstreckenläufer.

Die Samenflüssigkeit kannst du dann auch sehen.

Es ist ungefähr ein kleiner Löffel voll weißer bis fast durchsichtiger Flüssigkeit. Sie hat einen intensiven Geruch, der aber ganz normal ist.

Die Wissenschaftler nennen das ganze „Ejakulation“. Das deutsche Wort dafür ist „Samenerguss“.

Es beschreibt also ganz gut, was passiert: Der Samen ergießt sich aus dir heraus. Das fühlt sich phantastisch an.

Vielleicht hast du solch einen Samenerguss schon erlebt oder wirst es bald im Laufe der Pubertät.

Vulkan-Gott

So ein Samenerguss ist ein bisschen
wie ein Vulkanausbruch.

Vulkane sind ja oft unberechenbar. Sie können sehr plötzlich Lava spucken und Asche auswerfen.

Besonders in der Nacht sieht das
super aus, wenn alles rot glüht.

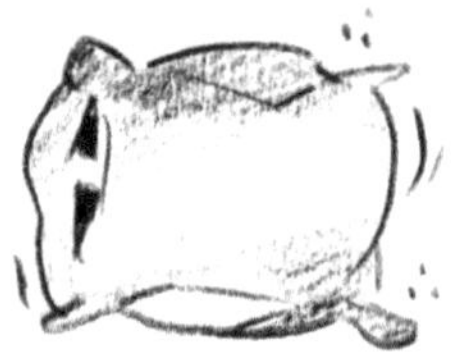

Auch dein erster Samenerguss wird dich vielleicht in der Nacht überraschen, wenn auch nicht rotglühend.

Wenn du etwas Schönes geträumt hast, wachst du plötzlich auf und dein Bett ist an einer Stelle etwas feucht. Dann hast du einen Samenerguss gehabt.

Man nennt das dann auch einen „feuchten Traum“. Das ist am Anfang sicher etwas ungewohnt. Aber du musst dir keine Sorgen machen. Das geht allen jungen Männern so und ist ganz normal.

Es ist ein Schritt zum Erwachsenwerden.

Und wie bei einem echten Vulkanausbruch
muss man hinterher manchmal aufräumen.

Die Lava ist überall hingeflossen. Und genauso hat bei dir die Bettlaken-Landschaft einiges abbekommen. Aber macht nichts: Das Laken kannst du abziehen und in die Wäsche stecken. Dann einfach ein neues Bettlaken aufziehen und für das nächste Mal vielleicht ein Handtuch mit ins Bett nehmen.

Dann musst du dir nicht immer Sorgen
um die Bettwäsche machen.

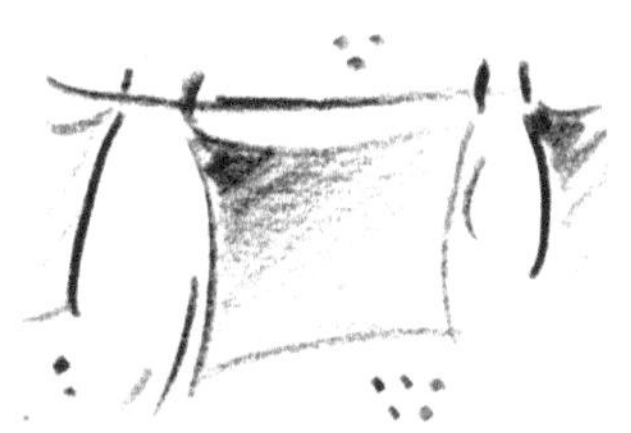

Kuschelbär

So ein Samenerguss ist auch immer eine Übung für später.

Dein Körper bereitet sich vor: Er will schnelle und starke Samenzellen produzieren, denn eines Tages sollen einige von ihnen den Weg bis zu einer Eizelle schaffen.

Solch eine Eizelle ist ein schwieriges und fernes Ziel. Sie liegt nicht einmal in deinem Körper. Jungen und Männer können keine Eizellen produzieren, das können nur Mädchen und Frauen.

Wenn die Samenzellen also solch eine Eizelle erreichen wollen, dann geht das nur zu zweit.

Dann liegen Mann und Frau zusammengekuschelt beieinander.

Die Erwachsenen nennen das „miteinander schlafen“, dabei schlafen sie gar nicht wirklich. Sie schmiegen sich eng aneinander und genießen das wohlige Gefühl dabei.

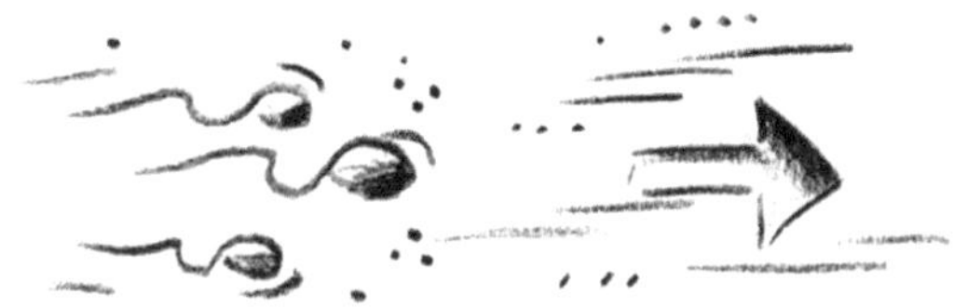

Manchmal schießen die Samenzellen des Mannes dann los und liefern sich ein regelrechtes Wettrennen um die Eizelle der Frau.

Dafür dürfen sie natürlich nicht auf dem Bettlaken landen wie bei einem feuchten Traum.

Weil Mann und Frau nackt aneinander geschmiegt sind, gelangen Samenzellen des Mannes in die Frau. Es genügt, dass eine einzige Samenzelle zur Eizelle gelangt.

Wenn beide zu einer Zelle verschmelzen,
entsteht aus dieser Zelle ein Baby.

Schwarm

Mit zehn oder elf Jahren kann sich
kaum ein Junge vorstellen, irgendwann
mit einem Mädchen zu kuscheln.

In diesem Alter finden sich Mädchen und Jungen gegenseitig oft doof und albern.

Das ändert sich später. Irgendwann wirst auch du ein Mädchen finden, an das du dich tatsächlich gern ankuscheln würdest.

Das wird bestimmt noch ein bisschen
dauern, aber es wird so kommen.

Oder ganz anders, denn manche Jungs verlieben sich nicht in ein Mädchen, sondern in einen Jungen. Es ist dann das gleiche phantastische Gefühl.

Wenn du ihre oder seine Stimme gern hörst und immer bei ihr oder ihm sein willst. Wenn du ganz schnell Sehnsucht bekommst und nur an sie oder ihn denken kannst, dann bist du verliebt.

Dann willst du unbedingt geküsst werden.

Zum Glück bekommt man nicht gleich ein Baby vom Küssen. Da musst du dir gar keine Sorgen machen.

Ihr könnt dann küssen und kuscheln, so viel ihr wollt. Solange keine Samenzellen zur Eizelle gelangen, gibt es auch kein Baby.

Und das ist ja auch gut so.

Guter Kumpel

Deinen Freunden geht es in dieser Zeit genau wie dir.

Auch sie lernen gerade ihren Körper neu kennen. Vieles verändert sich und ist neu. Manchmal ist das so ungewöhnlich, dass sich keiner traut, darüber zu sprechen.

Vielleicht kennst du das Gefühl. Dann weißt du nicht, ob die Veränderung bei dir selbst normal ist. Und vorsichtshalber erzählst du nichts darüber, um nicht ausgelacht zu werden.

Da hat man eine richtige „Redehemmung".

Diese „Redehemmung“ kennen deine Freunde auch. Und es ist gar nicht so einfach, sie zu überwinden.

Manchmal klappt es und ihr könnt euch ein bißchen über eure Erfahrungen mit dem Körper austauschen.

Manchmal klappt es auch nicht. Dann ist jeder allein mit seiner Erfahrung und seinem Körper.

Du kannst dir sagen:
Den anderen geht es genauso.

Ihr könnt euch trotzdem unterstützen.

Lacht euch nicht gegenseitig aus. Helft euch und seid einander gute Freunde.

Das ist eigentlich ganz einfach.

Rivale

Manchmal passiert aber auch genau das Gegenteil:

Einer erzählt etwas über sich, und dann machen sich alle über ihn lustig und nennen ihn ein Weichei. Und dann geben alle anderen an und jeder will der Größte und Schönste und Beste sein.

Das ist gar nicht so selten.

Diese Angeberei hat sich eigentlich die Natur ausgedacht.

Wer es nicht glaubt, muss sich nur eine Natursendung über Löwen oder Hirsche anschauen. Die Löwenmännchen und Hirsche geben fürchterlich an vor den Weibchen und kämpfen manchmal sogar miteinander. Jeder will der Größte und Stärkste sein. Wer am lautesten brüllt, ist dann Sieger.

Bei den Menschen ist es gar nicht so anders.

Männer wollen oft beweisen, dass sie „richtige Kerle" sind.

Da gibt es dann viel Angeberei.

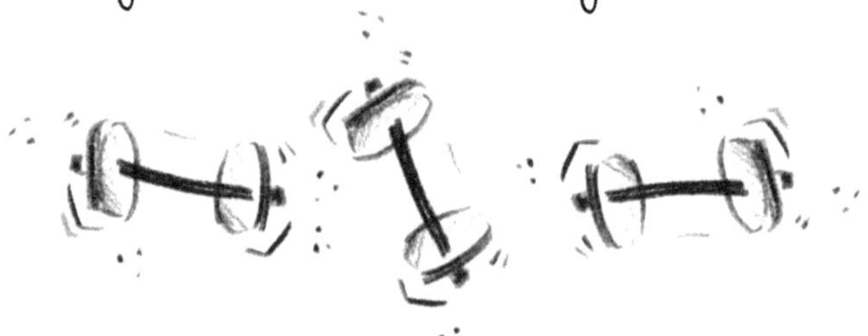

Nicht immer ist derjenige der Stärkste
oder Beste, der es behauptet.

Das hast du sicher auch schon erlebt. Manche haben einfach nur den größeren Mund und das größere Selbstbewusstsein.

Nicht immer lohnt es sich, da mitzustreiten. Manchmal ist es besser, die anderen reden zu lassen und sich selbst zu sagen: Ich muss nicht immer überall der Beste sein.

Ich bin auch so ein toller Junge.

Superman

Sogar die Wissenschaftler haben sich mit diesem männlichen Konkurrenzkampf beschäftigt.

Sie haben herausgefunden, dass Jungen und auch Männer sich gern vergleichen. Der Größte zu sein ist besonders wichtig.

Das gilt nicht nur für die Körperhöhe. Manche Männer vergleichen sogar die Größe ihres Penis mit anderen. Die schielen dann auf der Toilette oder in der Dusche mal rüber zum Nachbarn.

Eigentlich ist es Quatsch, denn man kann an der eigenen Größe ja nichts ändern.

Manchmal überträgt sich das auch auf andere Bereiche im Leben.

Und das geht dann oft so:

Einer baut etwas, zum Beispiel ein großes Haus, und fühlt sich dann gleich selbst ein bisschen größer.

Der Nächste sagt sich: „Ich will aber besser sein.“ Also baut er ein größeres Haus daneben und fühlt sich dann auch größer.

Der Dritte ... Na, du kannst dir sicher denken, wie es weitergeht.

Wahrscheinlich hätten wir auf der Welt gar keine Hochhäuser, wenn nicht immer wieder jemand sagen würde:

Ich will noch größer sein.

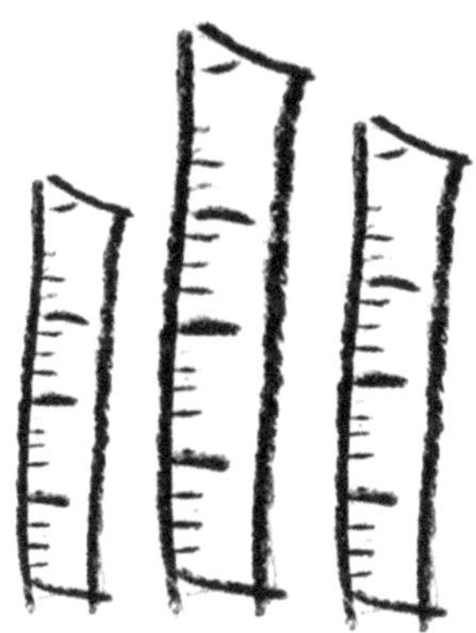

Robin Hood

Zum Glück dreht sich im Leben
nicht alles nur um Größe.

Auch nicht bei Jungs und Männern. Viele Veränderungen deines Körpers wirst du gut finden.

In der Pubertät wachsen zum Beispiel auch deine Muskeln und Knochen. Selbst wenn du nicht der Stärkste in deiner Klasse bist: Trotzdem gewinnst du an Kraft und Größe. Du wirst schneller laufen und schwerer heben können.

Das sind Fähigkeiten, die du gut nutzen kannst.

Wer Kraft hat, kann viel bewegen und wird sich mit seiner Hilfe viele Freunde machen.

Die neu gewonnene Stärke und Größe kann also dir selbst und anderen zugute kommen.

Früher sagte man, jemand sei „ritterlich“, wenn er anderen half. Viele sagen auch „Kavalier“ oder „Gentleman“ zu einem Mann, der andere unterstützt.

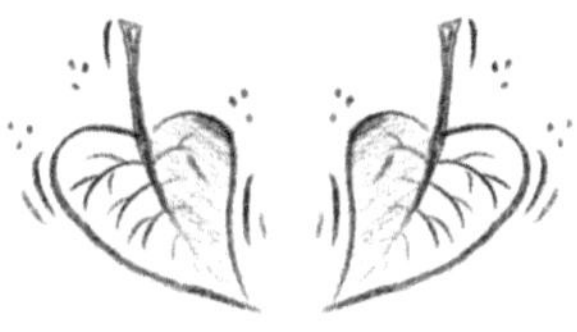

Versuche es doch selbst einmal.

Beobachte deine Umgebung und sei aufmerksam. Das tun alle klugen Männer. Fass mit an und halte Türen auf, auch wenn es dir ein bisschen altmodisch vorkommt.

Du wirst staunen, wie viele sich über deine Hilfe freuen.

Mit etwas Glück gewinnst du so gerade
in der Pubertät neue Freunde.

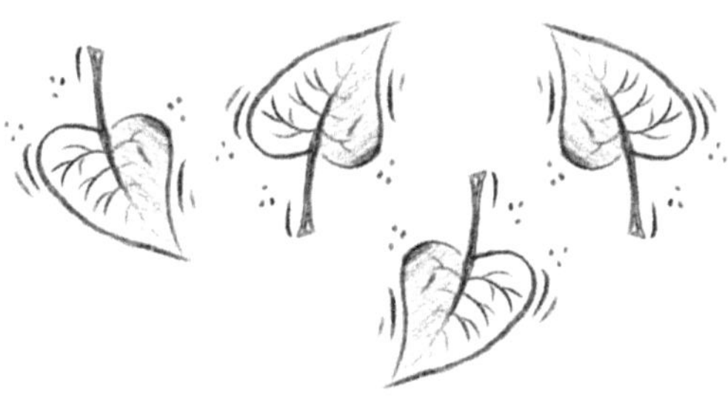

Shooting-Star

In der Pubertät erlebst du vieles zum ersten Mal.

Wenn du das erste Barthaar an dir entdeckst, wird das sicher sehr aufregend sein. Auch der erste „feuchte Traum“ kann das reinste Abenteuer sein.

Und wenn du plötzlich einen Wachstumsschub bekommst und alle sagen „Der Junge ist aber groß geworden“, dann fühlst du dich auch stark im Mittelpunkt.

In der Pubertät jagt eine Premiere die nächste.

In vielen früheren Kulturen wurde der Übergang vom Jungen zum Mann richtig gefeiert.

Dafür gab es bestimmte Rituale und Feste. Die Menschen zeigten damit: Ja, wir sehen, dass du erwachsen wirst. Wir sehen, dass aus diesem Jungen ein Mann wird, und wir freuen uns gemeinsam mit ihm.

Oft gab es auch Geschenke.

Später sind diese Rituale dann etwas aus der Mode gekommen und es wurde nur wenig über die Pubertät gesprochen. Das war schade, denn es ist doch so eine aufregende Zeit.

Und wenn deine Eltern manchmal vergessen sollten, dass du kein kleiner Junge mehr bist, dann erinnere sie ruhig daran.

Die Erwachsenen sind manchmal etwas betriebsblind.

Abenteurer

Dein Körper ist dein Eigentum,
du bist in ihm zu Hause.

Gehe gut mit ihm um. Sei freundlich zu ihm und habe ihn gern. Dann wirst du dich auch wohlfühlen „in deiner Haut".

Und wenn dein Körper einmal nicht macht, was du willst, dann sei nicht so streng und unzufrieden mit dir selbst. Das geht allen Jungs einmal so, gerade in der Pubertät. Jeder hat irgendetwas, das ihm nicht gefällt.

Jeder hat aber auch etwas besonders Gutes.

Eines Tages hast du die Pubertät hinter dir.

Dann bist du erwachsen und bestimmt ein ganz toller junger Mann. Du kannst dich jetzt schon darauf freuen.

Genieße also das Erwachsenwerden und starte mutig in alle Abenteuer.

Ich wünsche dir, dass es eine gute Zeit für dich wird.

Ich wünsche dir, dass du dich wohlfühlst in deinem Körper.

Ich wünsche dir, dass du immer einen guten Freund an deiner Seite hast.

Ich wünsche dir alles Gute auf deinem Weg vom Jungen zum Mann.

Ein Buch für die Schwester oder eine Freundin: „Vom Mädchen zur Frau"

Text und Illust.: Nicole Schäufler

Wie sich die Pubertät bei Mädchen abspielen kann, verrät dieses zauberhafte Buch.

108 Seiten, 24 bebilderte Farbseiten

Klar bin ich von hier!

Text: Sabine Priess • Illust.: Hélène Baum

Malik ist neun Jahre alt. Weil er einen kenianischen Vater hat, passiert es ihm immer wieder, dass wildfremde Menschen in seine lockigen Haare fassen. Ziemlich oft wird Malik gefragt, woher er denn wirklich kommt. „Aus der Schützestraße" lautet seine Antwort, doch das scheint vielen Menschen nicht zu genügen.

Ein Kinder- und Jugendbuch zu den Themen Alltagsrassismus, Diskriminierung und Diversität.

Hey Darmzotte!

Jugendroman • Emfpohlen von der Deutschen Gesellschaft für Zöliakie e.V.

Text und Illust.: Verena Herleth

Carina ist an Zöliakie erkrankt und wird von ihren Eltern auf Kur geschickt. Wie gut, dass Carinas Tagebuch Paulchen keine Geheimnisse ausquatscht. Auch nicht die Sache mit Maxin, dem netten Jungen aus der Gruppe ...

Was brauchst du?

SOWAS!

Text: Sigrun Eder, Hanna Grubhofer, Illust.: Barbara Weingartshofer

Mit der Giraffensprache und Gewaltfreier Kommunikation Konflikte kindgerecht lösen.

Stark gegen Gewalt

SOWAS!

Text: Sigrun Eder, Hannah-Marie Heine, Illust.: Evi Gasser

Erkenne eskalierende Konflikte und handle sebstbewusst, um Gewalt rasch zu stoppen.

Ilvy schläft gut

SOWAS!

Text: Kerstin Hödlmoser, Sigrun Eder, Illust.: Nicole Schäufler

Mit den praktischen Tipps aus diesem Kindersachbuch lernst du, besser zu schlafen.

Bibliografische Information der Deutschen Nationalbibliothek
Die Deutsche Nationalbibliothek verzeichnet diese Publikation in der Deutschen Nationalbibliografie; detaillierte bibliografische Daten sind im Internet über http://dnb.d-nb.de abrufbar.

1. Auflage Februar 2020
© 2020 edition riedenburg
Verlagsanschrift Anton-Hochmuth-Straße 8
5020 Salzburg, Österreich
Internet www.editionriedenburg.at
E-Mail verlag@editionriedenburg.at

Lektorat Dr. phil. Heike Wolter, Regensburg
Satz und Layout edition riedenburg
Herstellung Books on Demand GmbH

ISBN 978-3-99082-041-4

Dein Verlag:

editionriedenburg.at